U0871323

HOW TO

青春期实验室

HOW TO?

如何拥有高效学习力

朱雀为夏——著

中国妇女出版社

图书在版编目（CIP）数据

如何拥有高效学习力 / 朱雀为夏著. -- 北京：中国妇女出版社，2022.9
（how to青春期实验室）
ISBN 978-7-5127-2145-6

Ⅰ. ①如… Ⅱ. ①朱… Ⅲ. ①学习方法－青少年读物 Ⅳ. ①G791-49

中国版本图书馆CIP数据核字（2022）第116755号

责任编辑：肖玲玲
封面设计：末末美书
责任印制：李志国

出版发行：中国妇女出版社
地　　址：北京市东城区史家胡同甲24号　　邮政编码：100010
电　　话：（010）65133160（发行部）　　65133161（邮购）
邮　　箱：zgfncbs@womenbooks.cn
法律顾问：北京市道可特律师事务所
经　　销：各地新华书店
印　　刷：北京通州皇家印刷厂

开　　本：145mm × 210mm　1/32
印　　张：4.5
字　　数：88千字
版　　次：2022年9月第1版　　2022年9月第1次印刷
定　　价：36.00元

如有印装错误，请与发行部联系

目录

CONTENTS

Chapter 1
学霸养成记

Chapter 2
开发你的大脑

Chapter 3
升级学习方法

Chapter 4
为学习增加助力

Chapter 5
考试技巧

Chapter 6
学习中的其他困惑

Chapter 1

学霸养成记

每个人都可以成为学霸

你这次考试又是第一名呀！

哈哈，对呀，请叫我学霸。

大家都说你是天才呢。

没有啦，没有啦！其实我没那么聪明，只是知道该怎么学而已。

你这是在安慰我吧？

没有呀，是真的啦！

朱雀姐姐：

我好羡慕我的好朋友，他超级聪明，每次考试几乎都是第一名。

有时候我会想，如果我像她一样聪明该多好，学习该会是多么轻松的一件事。

在那些成绩比我们优异的人面前，我们难免会觉得，对方可能在先天方面，比如基因、天赋，比我们更有优势。但事实上，这是我们内心对自己的安慰，因为这样就可以推卸责任，认为这是不可改变的，而不是我们自己不够努力。

其实，无论是中考还是高考，完全没到拼天赋的地步。

我们与学霸的距离，并非是智商上的差距，而是后天努力的差别。

当然，后天努力也需要正确的方法，不然就像不辨方向地跑马拉松，体力再好也很难取得好成绩。

▪ 开发大脑

每个人的大脑都有无限潜力。很多人会说自己擅长什么、不擅长什么，其实，只要付出努力，用正确的方式去学习，我们可以把很多“不擅长的事”变成“擅长的事”。

我们完全有能力通过改善记忆力、专注力、自控力、创新力，让自己成为学霸。

所以，不要给自己的大脑“设限”，也不要对自己进行负面暗示。比如，“不是我擅长的”“我在这方面可能没有天赋”“我就是学不会”“我就是记不住单词”，等等。

我们可以采用下面的方法对大脑进行正面暗示：**现在时 + 付出的努力 = 努力相对应的结果。**

比如：

“从现在开始，只要我认真听课，下课做练习，我就一定能学好数学。”

“从现在开始，只要我用正确的方法学习，就一定能提高成绩。”

▪ 升级学习方法

在学校里，老师往往会把重点放在所教授的学科知识上，而忽略另一种隐性的知识，那就是学习方法的知识。

学习方法对于学习来说非常重要，如果没有方法，只知道死读书，往往会花费更多的精力，让我们产生错觉，认为学习过于困难，从而降低对学习的兴趣。

所以，升级学习方法，不仅可以提升成绩，也可以改变我们的学习心态，让我们长久保持学习兴趣。

▪ 为学习增加助力

要成为学霸，除了内在动力外，外在助力也很重要，比如学习环境、身边的学伴、学习资料的选择等。有了这些外在助力，往往更能事半功倍。

▪ 考试技巧

掌握一些必备的考试技巧，不仅可以帮助我们在考场上应对自如，提升成绩，还可以帮助我们通过考试发现自己在知识点上的薄弱之处，并将其一一攻破，在每次考试中不断地“打怪升级”。

学习总提不起兴趣怎么办？

不想写作业……

我已经把这周的数学作业都写完啦！

啊？你全写完了？你怎么做到的？
我今天的作业还没写完。

越写越兴奋，就停不下来了。

你也太厉害了吧！

朱雀姐姐：

我同桌是个学霸，他学习时总是很快乐，可我觉得学习很枯燥，总是提不起兴趣。可能是现在学习的知识我不喜欢吧。我该怎么办呢？

学习过程中有苦有乐，哪怕对于学霸来说，学习也不是只有快乐这一种感受的。

所以，学习这件事情，多数情况下，我们都需要先学会，然后才会产生兴趣，甚至是产生热爱之情的。只有你真正努力，深入学习某一门学科，才会对其产生兴趣。

▪ 失去兴趣的原因

人类本身是对未知事物充满好奇的，每个人天生具有学习的内在动力，只不过出于某些原因，可能会暂时失去学习兴趣。几种常见的原因如下。

家长过于重视成绩

有些家长过于重视考试成绩，导致我们对学习这件事产生误解。这时候，我们要提醒自己，学习的目的是什么。

比起成绩，知识才是更重要的。我们追求的卓越，是见识征服知识后的星辰大海，是自我价值的提高，而非为了成绩而学习。

设立的目标过高

无论是对成绩设定过高的目标，还是为自己设立过于强大的竞争对手，都容易让我们不断地感受挫败，从而对学习产生负面感受。

因为类似一个月提升上百分的事情，往往只会在电视剧里发生，现实中发生的可能性太小，尤其是学科知识越来越深奥之后，想一蹴而就，是不可能的事情。

所以，即便我们立志成为全校第一，也要根据自己当下的成绩先设定一个合理的目标，然后阶段性地实现最终目标。

另外，要提升成绩，前期反而不要过于关注成绩，而要把目标放在具体知识的掌握上。比如，“英语提高 10 分”，可更换为“背诵三篇英语范文”。

完美主义

完美主义也容易让我们丧失学习兴趣。

比如，完美主义者认真地学习了一段时间后，看到一些不会的题，就会全盘否定自己的努力，对自己产生怀疑。

再如，刚打算好好学英语，就期待“口音要百分百完美，说得像母语一样”。这样的想法对于可能还不敢张口说英语的你来说，只能起到劝退作用，而起不到激励作用。

其实，不完美又如何，只要我们比之前做得好一些，并努力坚持下去，就能有所收获，远超一味追求完美所能收获的。

其他原因

如果以上并非是你失去学习兴趣的原因，请将你的原因写在下面横线上，并写出切实可行的解决方法。

____

____

____

▪ 成为自己的激励者

学习是一件苦乐交织的事情，如果有一个激励的声音陪伴我们，则可以帮助我们更有动力地征服那些枯燥的时刻，收获学习中的乐趣。

不过并非总是有家人、朋友、老师来激励我们，那么就需要我们自己激励自己。

如何正确地激励自己呢？可以试试下面的方法。

付出的努力 + 学习结果 = 自我激励。

比如下面几句话:

“我今晚很认真地背单词，记住了 30 个单词，我的努力很有用！”

“我今天认真听课，并请教了老师，今晚的作业我全都会做，我的付出果然有回报！”

“我很认真地研究了这个实验的方法，经过 5 小时，我终于找到了问题所在，我真的很棒，很有毅力！”

注意，不要单一地肯定天赋，或者只肯定努力，要相对平衡地从多方面激励自己。

学习就是死记硬背吗？

你说咱们天天背书有什么意义呢？

可以考一所好大学，有一个好前途呀！

我太讨厌死记硬背了，不是应该培养学生的独立思考能力吗？

两者不冲突啊！

我怎么觉得是冲突的呢？啊，我不理解了。

朱雀姐姐：

今天我和朋友讨论关于死记硬背的问题，她觉得死记硬背和独立思考并不冲突，但我觉得死记硬背就是不懂得独立思考呀！

死记硬背也叫机械学习。对于有些事实性的知识点，我们的确需要死记硬背，比如，武昌起义的时间是1911年10月10日。

我们日常学习的大部分内容都需要理解，并思考其逻辑。

当然，在有意义的学习中，我们也需要背诵、记忆一些知识，但这样的背诵是为了方便运用。比如，我们背九九乘法表，就是为了在运用时更方便。

所以，无论是背诵公式、语法还是古诗词，我们都要明白，运用的前提是理解。如果不理解，只是死记硬背下来，也很难灵活运用。

另外，我们在学习的过程中，不仅要注重理解，而且要注重独立思考。

▪ 如何独立思考

要训练独立思考能力，我们可以从以下几方面做起。

知识积累

独立思考意味着我们在接受知识的过程中，不是简单地被动接受，而是进行认真的、多角度的思考。

所以，要成为一个有独立思考能力的人，绝不能拒绝对于知识的学习，而要学习前人的智慧，以丰富自己的认知体系。

打破惯性思维

惯性思维也叫“思维定式”，这种思维方式有时可以帮助我们举一反三。比如，知道如何计算正方形的面积，有助于我们学习如何计算正方体的表面积。

但惯性思维有时也会让我们的思考受阻。比如，认为带分数线的数必然是分数，便把它归入有理数。

用科学思维去检验

想做到不人云亦云，摆脱盲从，就需要讲究逻辑，去追求理论和证据的统一。

比如，我们可以通过实验、观察、归纳、演绎、逻辑、社会调查、统计分析、评估等方式去探索真相。

保持开放性

独立思考并非固执己见，因为当我们坚信“答案只有一个，就是我知道的这个”时，我们往往就停止了思考。

其实，所谓“正确答案”都是相对的，而且往往很多问题并非只有一个正确答案。

所以，当我们探讨问题时，可以尝试用更为开放的态度去了解他人的想法以及新接收的信息。

学习好就一定有前途吗？

快看，高三的学长学姐们正在往楼下扔书呢，等我毕业的时候，我也要把所有的书都扔了！

教导主任一会儿就去训他们了！

等我考上大学，我就再也不用学习了，想想就开心。

那你能学到什么呀？

那有什么重要的，又不用再高考了。

朱雀姐姐：

据新闻上说，有个名校学生，毕业后一直宅在家，还要爸妈养着。我就一直在想，学习真的很重要吗？学习好就一定有前途吗？等进入社会后，用人单位看的是个人能力和工作经验吧？到底是经验重要还是知识重要呢？是不是上大学后就轻松了，不用学习了呢？

知识本就是经验的归纳、总结、系统化。通俗来说，知识就是经验浓缩出的精华。

我们不是原始人，没必要在所有事情上一点点地去重新摸索一遍经验。我们可以通过学习几千年积累下来的知识，快速地实现知识层面上的自我“进化”。

有些人读了很多书，却百无一用，那是因为他们并没有将知识很好地运用到生活中，只是机械学习而已。只有去实践、运用，才能让我们更好地理解所学知识。

同样，在实践过程中获得的经验，也可以丰富我们的知识体系。所以，我们在学习知识的过程中，一定要记得将学到的知识结合现实生活去思考。

这也是提倡终身学习的意义。即便是大学毕业后参加工作了，我们也要继续学习。因为这时的学习中，我们不仅可以将知识运用到工作中去实践，而且对所学知识的理解将更为深刻，运用更为熟练。

▪ 终身学习的意义

探索终身学习的意义，我们首先得思考，学习是为了什么。

对于职业而言

学习是为了考一所好大学吗？固然，成绩好，名校毕业，可以让我们未来步入社会后对于工作更有选择权，但这并非学习唯一的意义，因为一纸文凭并不能决定我们是谁。不过，我们通过学习掌握的知识，可以决定我们是谁。

或许有人会说，有的人毫无学识，依旧有大好前途，但那只是极少数的人。是因为幸存者效应让我们注意到了他们，而非每个人都能成为幸运儿。并且，随着社会的发展，这样的幸运儿会越来越少。

在这个知识爆炸的时代，我们只有拥有真才实学，不断优化自己，才能跟上知识增长、更迭的速度，才能在职业道路上越走越远。

对于内心而言

人的需求有很多，如安全感的需求、爱与被爱的需求、被尊重的需求、自我实现的需求等。对于满足这些需求来说，学习都有重要的作用。

如果停止学习，当储备的知识无法满足这些需求时，我们就会感到痛苦。

对于生活而言

“活到老，学到老”，学习可以为生活带来色彩。当我们大脑停止思考，过着混混沌沌的生活时，那么无论是 15 岁，还是 25 岁，都意味着我们老了。

对每个人来说，学习为生活增加的色彩可能是不同的。下面是我感受到的，你也可以将你的感受和想法补充在横线上。

1. 出国旅行时，会说英语让我和外国人能说说笑笑，让旅行有了许多有趣的回忆。

2. 每当失落时，苏轼的“一蓑烟雨任平生”都会给我强大的力量。

3. 数学锻炼了我的理性分析、抽象思维与逻辑思考能力，让我可以更顺利地解决生活中的烦恼。

4. 在学习地理时，我看到了这个世界的壮阔与美妙，激发了我探索世界的好奇心和勇气。

5. 与三五好友一起谈天说地，聊聊历史人物和事件，比只聊家长里短有趣多了。

6. ____

7. ____

8. ____

9. ____

10. ____

Chapter 2

开发你的大脑

我的记忆力很差怎么办？

abandon，abandon，abandon……

你怎么又从 abandon 开始背了呀？

我有什么办法，刚背完就又忘了，
我严重怀疑我的记忆力有问题。

你的记忆力肯定没问题。

你怎么知道？

动漫里的情节你记得多清楚呀！

朱雀姐姐：

背单词、背古诗简直是我的噩梦，别人花 20 分钟就能背下来的古诗，我需要背 3 天，然后喝口水就忘了。像我这样记忆力很差的人该怎么办呢？

如果你之前只是通过重复去背诵，那么可以试试下面的“头脑大导演”的方法来记忆，或许就可以大大改善你的记忆效果。

▪ “头脑大导演”

假设我们今天要背诵的是李白的《赠汪伦》。

第一步：释义。能够在不看译文的情况下，讲解整首诗。

目标：能完整讲解，练习 3 次。

第二步：配图。在脑海中为每句诗配上一幅画面。(如果你擅长手绘，也可以画出来。)

李白乘舟将欲行。画面：一个潇洒的男子，刚刚踏上小舟，准备出发。

忽闻岸上踏歌声。画面：这个男子被岸上一群踏着节拍、载歌载舞的男男女女吸引。

桃花潭水深千尺。画面：深不见底的潭水。

不及汪伦送我情。画面：一个男子在岸上依依不舍地为李白送行。

这些画面可以根据你的喜好设定，只要符合诗句描绘出的场景，哪怕是搞笑风格的画面也可以。

目标：看到每句诗都能对应上画面，练习 3 次。

第三步：配音。一边大声朗诵，一边在脑海中配上相应的画面，让你的声音和画面合二为一，直到朗诵得非常熟练。如果你擅长编曲，也可以编成歌曲唱出来。

目标：能够非常熟练地朗诵，练习 3 次。

第四步：加入字幕。在脑海中呈现想象的画面，在上面添加相应的诗句。

目标：可以在不看书的情况下，添加相应诗句，练习 3 次。

第五步：导出视频。完整地回忆在脑海中剪辑出的整个视频。

目标：

1. 流畅播放 3 次。

2. 一边播放，一边在练习本上正确默写诗词，练习 3 次。

第六步：重复播放。没事就在脑海中重温自己在大脑中剪辑出的小视频吧！比如上卫生间时、下楼买东西时、洗澡时。

目标：

1. 5 分钟后，流畅播放 1 次。

2. 20 分钟后，流畅播放 1 次。

3. 1 小时后，流畅播放 1 次。

4. 每晚睡觉前或者早读背书时，一边回忆大脑中存储的小视频一边背，坚持 2 周。

假设我们今天要背诵的是英语单词：memory。

第一步：释义并组句。memory，名词，记忆力。She has a good memory.（她记忆力很好。）组的句子根据自己的能力设定，可以有一些挑战，但挑战的难度系数不要过大。

目标：完整讲解句子，练习 3 次。

第二步：配图。在脑海中为"She has a good memory."配上一幅画面。

画面：一个女生一脸严肃地参加考验记忆力的综艺节目。

目标：看到组出的句子，能准确对应上画面，练习 3 次。

第三步：配音。一边大声朗读句子，一边在脑海中配上相应的画面，让你的声音和画面合二为一。

目标：能够非常熟练地朗诵，练习 3 次。

第四步：加入字幕。在脑海中呈现想象的画面，在上面添加对应的句子。

目标: 可以在不看书的情况下，准确无误地添加相应句子，练习 3 次。

第五步：导出视频。完整地回忆在脑海中剪辑出的视频，将画面、声音、字幕三合一。

目标:

1. 流畅播放，3 次。

2. 一边播放，一边在练习本上正确默写，3 次。

第六步：重复播放。没事就在脑海中重温自己在大脑中剪出的小视频吧！

目标:

1. 5 分钟后，流畅播放 1 次。

2. 20 分钟后，流畅播放 1 次。

3. 1 小时后，流畅播放 1 次。

4. 每晚睡觉前或者每天早读背书时，一边回忆大脑里的小视频一边背，持续 2 周。

假设我们今天要背的数学公式是勾股定理: $a^2+b^2=c^2$

第一步：释义。能够清晰地解释这个公式。如：直角三角形的两个直角边的平方和，等于斜边的平方。

目标：可以看着公式清晰地解释，练习 3 次。

第二步：配图。在脑海中配出讲解勾股定理的画面。可以回忆老师上课时的讲解来做。

例如：

画面一：你现在是老师，正在黑板前，指着一个直角三角形，讲解勾股定理。

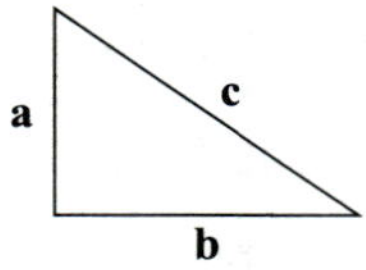

$c^2=a^2+b^2$

画面二：你为了让学生明白原理，拿出了教具——4 个一模一样的直角三角形，拼成了下面边长为（a+b）的大正方形图案。

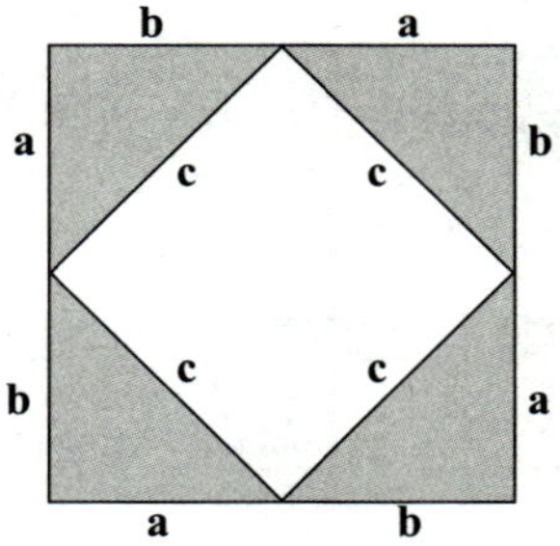

画面三：你提醒学生，组成的这个大正方形的面积是 $(a+b)^2$，也就是 $a^2+2ab+b^2$。

画面四：你指着里面这个边长为 c 的小正方形，告诉学生，它的面积既可以用 c^2 来计算，也可以用大正方形的面积 $(a^2+2ab+b^2)$ 减去四个直角三角形的面积 $(4\times\frac{1}{2}ab=2ab)$，那

就是 $c^2=a^2+2ab+b^2-2ab=a^2+b^2$。

画面五：想象学生向你提问，然后你做出解答。解答不出来的话，可以请教老师，和同学讨论，然后再把你回答的画面补充进去。

目标：看着公式或课本讲义等，可以准确对应上相应画面，练习 3 次。

第三步：配音。配合脑海中的画面（可以在本子上画出你在黑板上演示的草图，更有代入感），完整讲解。

在记忆过程中，其实理解公式比记忆公式更为重要，所以，讲解公式的过程，也是在检验自己对公式是否还有模糊不清的地方。

目标：看着公式或课本讲义等，能够非常熟练地讲解，练习 3 次。

第四步：加入字幕。根据脑海中的画面，配上相应的公式。

目标：可以在不看书的情况下，给画面配上相应的公式，练习 3 次。

第五步：导出视频。完整地回忆在脑海中剪辑出的视频，将画面、声音、字幕三合一。

目标：

1. 在脑海里流畅播放，练习 3 次。

2. 能够正确默写出公式，练习 3 次。

第六步：重复播放。没事的时候就在脑海中回忆你在大脑中剪辑出的小视频吧！

目标：

1. 5分钟后，在脑海里流畅播放1次。

2. 20分钟后，流畅播放1次。

3. 1小时后，流畅播放1次。

4. 每晚睡觉前或者每天早读背书时，一边回忆大脑中剪辑出来的小视频一边背公式，坚持练习2周。

注意：在大脑中假想自己是老师去讲解知识点，可以更好地理解和掌握知识点。此外，在现实中给同学讲解题目，也有很好的效果。

试一试：使用“头脑大导演”的方法背诵一首诗吧！分步完成后，在□内打“√”。

诗：______________________________

____

第一步：释义

完整讲解，3次。□

第二步：配图

看到每句诗都能对应画面，3 次。□

第三步：配音

能够非常熟练地朗诵，3 次。□

第四步：加入字幕

可以在不看书的情况下，添加相应诗句，3 次。□

第五步：导出视频

流畅播放，3 次。□

一边播放，一边在练习本上正确默写，3 次。□

第六步：重复播放

1. 5 分钟后，流畅播放，1 次。□

2. 20 分钟后，流畅播放，1 次。□

3. 1 小时后，流畅播放，1 次。□

4. 每晚睡觉前或者每天早读时播放 1 次，播放 2 周。□

学习时总分神怎么办？

表语形容词有以下3种，一是描述与健康有关的形容词，如：ill、faint、well……（今天中午吃什么呢？酸辣白菜昨天吃过了，还是吃面条吧？嘿嘿，上次看的电影里有个人叫Noodle，他为什么叫这么奇怪的名字呀？）

喂，你是不是又分神了？读着读着就发起呆来。

朱雀姐姐：

我学习时很容易分神，学着学着就神游太虚了。

有一次上课，我看一眼窗外，发现树上有只颜色特别漂亮的小鸟，然后思绪就飘到我小时候养的小鸟上了。等我回过神来，10 分钟都过去了，已经跟不上老师讲的内容了。

像这样学习时总分神该怎么办呢？

所谓分神，实际上就是专注力不够。我们要先分析一下专注力不够的原因，做到“对症施治”，然后用一些科学方法来训练和提升自己的专注力。

▪ 保证充足的睡眠

保证至少 8 小时的睡眠时长。如果睡眠不够，就会影响我们的专注力。这里给青少年朋友们提个醒，与其熬夜学习，不如在上课时保持精神抖擞的状态，这种状态下，学习效率更高。

▪ 适量运动，激活疲惫的大脑

如果经常进行大量体力活动，读书、练字、下棋等精神方面的放松方式更容易消除疲惫感。如果经常进行大量脑力活动，搏击、瑜伽、跳舞等身体运动更容易消除疲惫感。

▪ 及时提醒自己

分神了也不要紧，过度自责反而更影响学习状态，不如默默提醒自己“回神啦”，然后再投入学习中。

▪ 可以提高专注力的活动

下面这些事情可以帮助我们提升专注力，可以在不影响学习的情况下尝试。

1. 拼图。
2. 组装模型。
3. 绘画。
4. 书法。
5. 阅读纸质书。
6. 富有感情地朗读。

7. 写数字。家人读一列数字，如 1956768，你听完之后写下来，不要边听边写。

8. 舒尔特方格。画一张有 25 个方格的表格，将 25 个数字打乱顺序填写在表格里（见下图），然后按 1~25 的顺序，一边指出位置，一边读出数字。可以让家人或者朋友帮你记录时间。

多做一些舒尔特方格练习，你数完的时间会越来越短，注意力也会越来越集中。平时也可以当作小游戏和朋友比赛哟！

4	17	9	14	23
10	20	3	16	19
22	7	12	2	8
21	1	18	25	15
6	13	24	11	5

总是习惯性拖延怎么办？

完了！

我猜，你是不是暑假作业还没写完？

猜错了。我还没开始写。

你太“勇猛”了……你知不知道，后天就开学了呀！

呜呜呜呜呜……

我知道……我现在好想变成哪吒……

朱雀姐姐：

我有个外号叫“老慢”，因为我做什么事都拖拖拉拉的。我知道这样不好，因为我的拖延耽误了很多事情。我总是想：“等 5 分钟再做吧。”过了 5 分钟，我又想：“看完这集动漫，我一定去做。”等看完那集动漫，我又想：“时间还来得及，我再玩一把游戏，立马就开始做。”……就这样永无止境地拖下去了。我该怎么办呢？

拖延的习惯，通常不是一两天形成的，要改变这个坏习惯，我们不妨试试以下几个方法。

▪ 尽力而为

有些时候我们选择拖延，是因为我们在担心：“我能不能做好呢？”“我会不会做得很差劲？”“这么难，我能做到吗？”

你我皆凡人，尽力而为就好，不用过度追求完美，先完成再说，也不要给自己设定太难实现的目标，比如，一天背

500 个英语单词，完不成，也容易产生挫败感。

▪ “55法”

“5 秒钟”：当你想做一件事情时，不要犹豫，也不要给自己玩手机的时间，5 秒内马上去做。

“5 分钟”：这时如果你对做这件事有抵触感，犹豫着要不要开始和什么时候开始，那么就告诉自己：“先做 5 分钟就好，如果 5 分钟后不想做了，或者有什么其他情况，我随时可以停下。”

或许你会担心，这样我会不会永远只做 5 分钟。不用担心，一是因为人类的“未完成情结”往往会让我们不由自主地想要有始有终，一旦开始就会想要做完；二是因为做 5 分钟就比 1 分钟都没做要强。这 5 分钟里，无论是多看了一页书，还是多背了一个单词，对我们来说都是收获。

▪ 把手机藏起来

一刷就停不下来的短视频、不停弹出的八卦趣事、有趣的手游……这些都是现代科技对于人类意志力的挑战。

所以，学习的时候就要把手机藏起来，或者放得远远的。

完成作业后，专门给自己留出30分钟用于玩手机，这样玩起来更开心，没有压力。

▪ 养成坚定不移的学习习惯

培养一个较容易完成、所占用时间不多的学习习惯，每天坚持去做。

比如，每天睡前读3页名著、每天朗读10分钟英语、每天看一篇英语短文等。

可以和三五好友商量，建立“互夸小组”，每天打卡，花样夸奖对方的才华、自制力、独特性等。

▪ 给予奖励

在完成任务后，给予自己一个小小的奖励，可以是一个冰激凌，也可以是一句:“我可真是一个有自控力的不凡少年呀！”

另外，如果你经常因为某些休闲娱乐活动导致拖延，比如打游戏，那么，就可以告诉自己:“完成作业后，可以玩一局游戏。”努力克制自己，延迟满足，将游戏作为奖励，放在任务后面。而不要和自己说:“打完这局，我再去写作业。”

▪ 制订时间计划表

选一个自己喜欢的本子，用来制订时间计划表，规划自己的娱乐时间、学习时间与休息时间。

注意:

1. 尽量把时间安排得有弹性，保证可以在规定的时间内，从容地完成计划中的事情，以及随心所欲地做一些计划外的事情。

2. 优先写出娱乐、休息的时间安排，这会让你心情愉悦，也更容易按照时间表执行。

3. 在晚上睡觉前，制订第二天的计划表。第二天有特殊情况再做调整就好。完成后在后面打“√”。

4. 如果没有全部完成，也不必指责自己。

参考:

2022 年 4 月 3 日　星期日

9：00—10：00　洗漱 + 吃早饭　☑

10：00—10：50　背诵第二单元的英语单词　☑

10：50—11：20　休息　☑

11：20—12：10　完成数学作业　☑

12：10—13：00　吃午饭＋看电视　☑

13：00—14：00　午睡　☑

14：00—14：10　整理书桌　☑

14：10—15：00　完成英语作业　☑

15：00—15：10　休息　☑

15：10—16：00　完成语文作业　☑

16：10—17：00　自由搏击　☑

17：10—18：30　看电影　☑

18：30—19：30　吃晚饭　☑

19：30—21：00　读名著《小妇人》　☑

21：00—21：30　洗漱＋收拾房间　☑

21：30—22：00　复习早上背的单词　☑

22：30　睡觉　☑

如何突破思维的枷锁？

你把昨天咱们去科技展的照片给我发一下，我要发朋友圈。

好嘞！

昨天的科技展也太有意思了，那些创意不知道他们是怎么想到的。

好羡慕呀，如果我也这么有创造力就好了！

朱雀姐姐：

我想成为一个有创造力的人，因为我一直觉得，真正成功的人是那些能为世界贡献价值的人，而想要作出更有意义的贡献，就需要有创造力，但我不知道该怎样培养创造力。

要培养创造力，不妨试试下面的方法。

▪ 保持好奇

对这个世界充满好奇，会让我们更有热情去探索世界，创造更多有趣的事物。

▪ 培养独立性

如果习惯依赖他人，我们就很难有独立的思想，易于从众。我们现在可以先从一些小事入手，比如，打扫房间、独立完成作业、和家人旅行时负责制订行程、采购家庭必需品等。

▪ 进取心和毅力

有进取心的人才敢于打破常规。但一个人如果空有心气，没有毅力，一切都是空谈，有毅力才能厚积薄发。

▪ 掌握相关知识

想在哪个领域迸发出创造力，就要在哪个领域掌握更多的知识。

▪ 积极参与有创造性的活动与比赛

平时要积极参与有创造性的活动与比赛，比如模型大赛、作文大赛、化学竞赛、板报比赛、小发明大赛等。

▪ 编写创意故事

随意想 6 个词语，然后编成一个故事，不用固定词语的顺序。

比如：麻花辫、咖啡、羽毛、弟弟、回头、充电器。

今天下午，我和弟弟一起去喝咖啡。喝了一会儿，他说手机没电了，我说我帮他扫充电宝。他摇了摇头，指着一个背对着我们、扎着麻花辫的小姐姐说：“我去向那个姐姐借充电器。”

那个小姐姐听到了，回头望向我们，她眨着羽毛般的睫毛，摇了摇手中的充电器。

我愣了一下，没想到她竟然是我许久未见的小学同学。

你也用下面 6 个词语试试吧！

豌豆、小猫咪、水杯、忘记、书、乒乓球

一物多用法

设想一个物品的多种用途。比如，玻璃水杯。在横线上补充你的想法吧！

我们可以填写玻璃水杯的多种用途：喝水、养小金鱼、养水培植物、倒入热水可以熨烫衣服、做水杯倒置实验、在水杯上用丙烯颜料作画、当笔筒、________

想一想报纸的多种用途吧，然后填写在横线上。

______

▪ 头脑风暴法

这是一种可以激发组内人员创造力的会议方式。小组内的人员根据某一具体问题展开讨论时，遵循以下原则。

1. 不批评、不反驳他人的任何观点，只谈论自己的想法。比如不能说:“你这个想法过时了。”“这样根本不行。”“这个办不到。”

2. 不要自谦。比如不能说:“这是我的拙见。”“我有个想法不知道可不可以。”“我有一个不成熟的想法。”

3. 发言简明扼要。一次发言只谈论一种设想。

4. 不私下相互讨论。独立思考，公开发言，避免私下交谈，干扰他人思考。

5. 以数量为目标。集思广益，在大量的创意碰撞中，必然会迸发出许多高质量的创意。

6. 整合与改进。从其他参会人员的想法中汲取养分。比如，得到启示、补充他人的想法、整合多人想法提出新的想法。

7. 记录每一个设想。记录员要认真记录每个人提出的设想，无论这个想法多么夸张。

Chapter 3

升级学习方法

制订学习目标有用吗？

搞不懂为什么每次开学班主任都让咱们制订学习目标。

为了让咱们更有动力嘛。

会吗？我感觉对我来说，制不制订学习目标根本没什么差别呀！

朱雀姐姐：

每次开学老师都会让我们制订学习目标，我也很认真地写了，但并没有什么效果。制订学习目标真的有用吗？还是我的方法有问题呢？

制订学习目标当然有用。无论做什么事，通常有了目标才能有计划，有了计划才能更好地落实计划，认真落实计划我们才能成为想要成为的人。

下面我们讲讲如何制订学习目标吧！

▪ 目标设立原则

目标可衡量

要用可观察的行为来设定目标，这样判断目标是否实现时会更加清晰直观。

避免使用描述心理的动词，比如，理解、记住、明白、了解、知道、领悟等。

“理解《登黄鹤楼》的全文。”×

“记住勾股定理。”×

使用描述行为的动词，比如：背诵、释义、默写、熟练朗读等。

“准确释义《登黄鹤楼》的全文。”√

“背诵勾股定理。”√

目标具体化

设定具体的目标，避免模棱两可。

避免使用笼统的形容词，如努力地、用心地、认真地。

“我要用心地学习英语。”×

“我要努力地提升英语成绩。”×

“我要认真地完成暑假作业。”×

使用具体的量词，如一篇、一张、一段、一章等。

“每天做 3 篇阅读理解。”√

“期末考试英语成绩提高到 95 分。”√

“本周完成所有的暑假作业。”√

目标可实现

目标的制订要避免“难以实现”与“过于容易实现”这两个极端，要选择“跳一跳”可以碰到的目标。

另外，像每日目标、每周目标、每月目标这种短期目标要尽量避免制订名次、分数这种不太可控的目标，因为有时候你的确付出了相应的努力，但成绩或许并不能一下子达到你想要的。这容易让你产生挫败感，以及对自己努力的否定。

“这个月从班里 35 名考入全校前 10 名。” ×

“一个月时间数学从 50 分提升到 140 分。” ×

“(英语中等水平) 一周背诵两篇英语范文。” √

“本周写完语文暑假作业。” √

明确目标完成截止时间

确定目标时，避免没有时间约定，或者含糊时间，不要用以下词汇：尽快、晚点儿、抽时间、立即等。

“尽快将暑假作业完成。” ×

“晚点儿就把作业写完。” ×

要写出明确的截止时间，如本月、5 月 24 日前、10：00 前、本周、一天内等。

“本月将暑假作业完成。” √

“晚上 8：00~9：00 完成数学作业。” √

▪ 拆解目标

每个青少年朋友都有自己大大小小的目标，大的目标可能是将来成为医生、艺术家、作家、物理学家、金融大亨等，小的目标可能是明天按时交作业以及放学路上吃个汉堡包。

那些大的目标往往被称作梦想。有的人总说梦想容易破碎，原因就是他们很少为这个梦想做出努力。比如，一个人想成为画家，但他一年里连一幅完整的画都没有画过，那怎么能实现呢？

有梦想固然很好，但我们也需要为这个梦想做出努力。首先要做到：**相信自己、制订计划、落实计划。**其次，我们也可以将大目标拆解成小目标，一点点完成。

例：

终极目标：成为画家。

高中生涯的目标：考上中央美术学院。

本年目标：

1. 文化课成绩达到 550 分；

2. 完成 50 张水彩画、50 张素描、50 张速写；

3. 利用周末，读完《西方艺术史》《艺术中的人文精神》《艺术社会史》。

本月目标：

1. 读 400 页《西方艺术史》。

2. 完成 5 张水彩画、5 张素描、5 张速写。

3. 按时高效完成课后作业，正确率达到 90% 以上。

4. 背诵 3 篇英语短文。

本周目标：

1. 读 100 页《西方艺术史》。

2. 完成 2 张水彩画、1 张素描、1 张速写。

3. 分析整理上周月考的错题。

4. 背诵 1 篇英语短文。

5. 按时高效完成课后作业，正确率达到 90% 以上。

本日时间计划表：

2022 年 4 月 9 日　星期六

9：00~10：00　洗漱 + 吃早餐　☑

10：00~11：00　复习背诵英语短文　☑

11：00~11：20　休息　☑

11：20~12：10　分析整理数学试卷上的错题。　☑

12：10~13：00　吃午饭　☑

13：00~17：00　和朋友踏青 + 写生一幅水彩画　☑

17：00~19：00　吃饭 + 回家　☑

19：30~20：30　完成语文作业　☑

20：30~21：30　洗漱　☑

21：30~21：40　写明日时间计划表　☑

21：40~22：40　睡前阅读 50 页《西方艺术史》　☑

22：40~ 第二天 9：00　睡觉　☑

你也试一试，拆解一下你的目标吧！

终极目标：____________

初中生涯 / 高中生涯的目标：__________________________

本年目标：______________________________________

本月目标：______________________________________

本周目标：______________________________________

本日时间计划表：________________________________

____

____

____

____

____

____

♥可以将终极目标和高中生涯目标写在你时间计划本的扉页。

♥每年、每月、每周的最后一天，提前写好下一年、下个月、下周的目标。

为什么我的预习效果差？

听说新来的老师很爱布置预习笔记当作业，我准备去买本参考书，到时候直接把知识点抄上去。你去吗？

我还是想自己提前预习，感觉抄参考书不如自己归纳总结，自己思考出来的，更容易形成知识体系。

我感觉自己预习的效果也不怎么好。

朱雀姐姐：

我们老师经常布置预习笔记当作业，我也完成作业了，可为什么我的预习效果并不好呢？

预习是学习过程中非常重要的步骤，尤其上初中后，学业难度增大，预习更是必不可少的步骤。

▪ 明确预习目的

许多人在预习的时候，不是漫无目的地阅览一下新内容，就是完全把预习当作自学。

这两种做法的重点都是“**我学会了什么**”。这样在第二天听课的时候，我们反而会因为对知识失去了好奇心而注意力不集中，错过老师讲的一些内容，导致我们对知识的掌握出现漏洞。

而实际上，预习的目的是“**我要学什么**”。通过预习，我们可以将“被动听课”转化为有目的性的“主动听课”。

清晰地了解自己第二天要学习的内容，能够在听课时有目的地学习，跟得上老师的思路即可。

▪ 预习的具体方法

整体浏览

在新课本发下来的时候，我们便要对本学期会学习的内容做一个整体的了解。

当然，不需要看完整本书，而是浏览序言与目录。

在阅读序言时，我们可以带着“学习本书的目的是什么”这样的疑问去阅读。

在浏览目录页的时候，我们先看单元（章节）标题，思考单元之间的联系。

然后阅读每个章节的介绍，了解要学习的新知识以及与旧知识的联系。

最后看每个单元下的小节，思考这些小节之间的联系，以及与本单元的联系。

思维导图

在阅读新课内容后，可以在笔记上写出思维导图，帮助我们明确“我要学什么”。

第一步：根据题目写出疑问。激发我们的好奇心，明确学习目的。

比如：

历史："隋唐制度的变化与创新"，那我们可以写：隋唐制度有哪些变化与创新？

语文：《骆驼祥子》，那我们可以写：《骆驼祥子》这部小说讲了什么？

物理："匀速直线运动"，那我们可以写：匀速直线运动是什么？

第二步： 根据小标题、课后作业、练习题、公式、重点加黑文字等，写出我们要掌握的内容。

以"隋唐制度的变化与创新"为例：

1. 选官制度的变化与创新：从九品中正制到科举制

2. 中枢政务机构的变化与创新：从内外朝到三省六部制

3. 赋税制度的变化与创新：从租调制到两税法

标注疑问

写出需要掌握的内容后，思考如下问题：

1. 什么是科举制？

2. 什么是三省六部制？

3. 什么是两税法？

4. 为什么九品中正制会被科举制取代？

5. 发生这些变化的原因是什么？

咦，我怎么忘了租调制是什么了？（啊？那就赶快重新巩固之前学习的内容呀！）

我们会发现，有些问题我们在阅读过程中已经得到了答案，有些我们还有疑惑。我们便可以在思维导图或者课本上重点标注出自己不理解的知识点，带着这些疑惑，期待明天老师在课堂上的答疑解惑。

如果在课堂上这些疑惑并没有解开，可以在课下继续请教老师，直到你可以逻辑清晰地解答这些问题。

另外，如果我们预习的时间充裕，或者按捺不住好奇心，也可以自行在课本中或者参考书中寻找答案，在第二天上课时，通过听讲来验证自己的答案。

预习笔记参考:

♥建议每个科目都有一个单独的笔记本。

♥预习时间不要超过 30 分钟，5~10 分钟即可。

♥在上课时，我们可以打开预习笔记，预习笔记有助于我们在听课时逻辑清晰，并能够有侧重点地解决我们在预习时的疑惑。

课堂笔记该怎么做？

你的笔记借我抄抄呗。咱们老师讲课速度太快了，我根本跟不上。

我是想借给你抄，但我怕你看不懂。

我怎么可能看不懂？你的字写得那么工整。

我只记了关键词……那我跟你讲讲这都是什么意思吧，刚好我也能再回顾一遍上课的内容，这样记得更清楚。

朱雀姐姐：

我们老师讲课的速度特别快，我经常不是因为记笔记错过了一些重要知识点，就是只顾听讲，根本来不及做笔记。而且也不知道为什么，我的笔记总是记得乱七八糟的，课后我根本不会再拿出来看。我想问一问，上课时到底应该怎么做笔记呢？

“好记性不如烂笔头”。课堂上记笔记是一项重要任务，但是怎么记、记什么，也有技巧。

▪ 记笔记的目的

很多人在做课堂笔记的时候非常卖力，想把老师说的每句话都记上，但辛辛苦苦记完之后，几乎不会再看自己的笔记。

这样的笔记记得再多，都是无效笔记。因为无论是记预习笔记还是课堂笔记或是课后笔记，**目的都是帮助我们有条理地复习。**

你可以根据这个标准来评判一下，你的笔记能达到目的吗？

不同的人记笔记时有不同的方式，并不是一定要按某种方式去记。如果你的笔记可以帮助你有条理地复习，那就是好的笔记。

▪ 课堂笔记的原则

我们在记课堂笔记的时候需要遵循以下 3 个原则。

原则一：选择合适的时机

有些知识点，你需要跟上老师的思路才能理解，这种情况下，你要把重点放在理解上，而不要放在记笔记上。

尤其是在老师开始讲新的内容，而你的笔记还没有记完的情况下，这时你就先不要记了，打个问号，课后借同学的笔记或者再请教老师都可以。

原则二：简约记录

不要为了记笔记而记笔记。一味埋头苦记，容易让我们错失老师讲的一些内容，导致虽然记下来了，却没有理解。

所以，课堂笔记不需要太过详细，只要你课后整理时，可以看懂自己记的关键词就好。

原则三：课本之外

如果是课本原文，就不需要记录了。或许你会觉得这是重点、难点，之后复习用得上，但这些我们可以先在书上画上重点符号，课后再补充到笔记上，而不要在老师讲课时候去记录。

课堂笔记更适合记录以下内容:

♥老师补充的内容。

♥可以帮助你理解知识点的内容。

♥老师强调一定要做的笔记。

♥老师点名提问的知识点。

♥老师的课堂总结。

♥老师讲的解题方法、解题技巧、解题思路。

♥标注你仍有疑惑的内容。

这些笔记可以视情况记在书上或草稿纸上，不需要考虑排版问题，之后做课后笔记时再详细地、有条理地整理到笔记本上。

同桌也爱玩，为什么学习比我好？

你周日准备做什么呢？

去看电影呀，听说最近上映的《XXX》特别好看，你一起去吗？我一会儿也帮你把票订上。

唉，算了吧，我还有好多题不会做，正在家琢磨呢。

那好吧。等我看完电影回来，去你家给你讲讲吧！给你讲题，我也会有进步！

朱雀姐姐：

我有一个朋友，平时也经常和我一起看漫画，一起出去玩，但为什么他的学习成绩总是比我好呢？

有的人虽然也经常玩，但平时的学习效率非常高。下面我们就来讲讲听课的技巧，或许对你有帮助。

▪ 浏览预习笔记

在老师讲课前，花 30 秒到 1 分钟的时间浏览一下你前一天做的预习笔记。

如果时间充裕，还可以再回顾一下上节课讲的内容。

这样可以帮助我们在上课时第一时间进入学习状态，也可以帮助我们更好地吸收新知识。

如果你在某节课上经常出现下面的情况：“这个老师上课节奏好快呀！”“哎呀，怎么听着听着就听不懂了。”“一晃神怎么就完全不明白了。”那就更需要提前浏览自己的预习笔记了。

▪ 关注老师的表达

在听课的时候，如果老师对某个知识点讲得特别详细，表现出非常担心你们没有理解掌握的态度。比如他会说:“这里要注意！”“这里要好好听。”“这里是重点。”“这里考试时经常会……”“上节课我们主要学习了……”“今天这节课我们讲的内容主要是……”“总结一下今天的内容……”这时，我们的注意力一定要非常集中，让自己的大脑加大马力动起来。

▪ 积极回答问题

积极回答老师提出的问题，不仅可以加深我们对知识点的理解，而且可以让我们集中注意力，保持思维活跃，跟上老师的节奏。

另外，如果你比较害羞，可以在老师提问时，在心里默默地回答老师的问题。或者把你的想法以关键词的形式写在草稿纸上。像数学课，就算不发言，我们也要在草稿纸上解出老师在课堂上出的每一道题。

当然，最好举手发言，因为这样更容易让我们集中注意力。

事实上，没有人会觉得积极参与课堂互动的同学有任何不好，他们只会在心中默默地羡慕你对于学习的热忱以及你勇于做自己。

▪ 跟读、默读

当老师讲到一些重点、难点的时候，我们可以在心中默读，重复老师说的话，或者英语课上老师读单词、短语、句子的时候，我们也可以小声地跟读。这可以帮助我们加深记忆以及保持注意力集中。

▪ 利用空隙时间

老师上课的时候，往往会有一些空隙时间，比如，他为了让课堂不那么枯燥，讲一些有趣但并非知识点的事情，或者和同学们说“下面的内容了解一下就好”时，我们就可以利用这些空隙时间回顾一下老师刚刚讲的内容。

频率不用太高，时间也不用太长，每隔 15~20 分钟，用 30 秒左右的时间看一下前面讲的一些重点或者自己的课堂笔记就可以。这样有助于我们对知识点形成长期记忆。

总是听课的时候学会了，做题时又不会了怎么办？

我最后两道大题又没有做出来……

啊？怎么会呢？我记得讲那些知识点的时候，我问过你有没有听懂，你说听懂了呀！

我也觉得我听懂了呀，可不知道为什么做题时又不会了。

朱雀姐姐：

我发现有些知识点我在听课的时候觉得自己会了，但一到做题的时候就又不会了，我该怎么办呢？

我们在听课的时候经常会有“原来是这样”“噢！我懂了！”“我明白了”的感觉，但这种感觉并不等于“学会了”。

因为这个时候，一是我们对于知识的掌握还不够精确，在做题时就会失之毫厘，差之千里；二是无法对知识点进行熟练运用。

要真正地内化知识，我们需要从以下几方面入手。

▪ 精确地掌握知识点

通过课后笔记来梳理知识点，有助于对知识点的精确掌握。

或许你会说，我每天那么多作业，要背那么多东西，哪有时间做课后笔记呀！而且一般参考书上都有总结呀！

首先，自己做课后总结是有意义的学习，而死记硬背参考书的总结是机械式学习，前者更有利于对知识点的内化。

其次，无论多忙，我们都需要抽出时间复习知识点，与其盲目无序地复习，不如通过课后笔记有条理地复习。

最后，如果没有做课后笔记，我们很快就会忘记其中的知识点，这导致在考前复习的时候需要花费更多的精力和时间，效果也不好。

那课后笔记怎么记呢？

1. 笔记颜色不超过 3 种；颜色过多会让笔记看起来杂乱无章，让人失去阅读的欲望。我们可以选择 3 种以内的颜色，按照自己的习惯设定每种颜色的含义，比如黑色是正文，红色是重点，蓝色是释义。

2. 本子不宜过小；可以选择 A4 纸大小的本子。

3. 笔记内容不要过密，否则会造成阅读困难。

4. 字体工整。

5. 一科一本。

下页图是基于康奈尔笔记法的课后笔记示例。笔记上的内容可分为：标题栏、问题栏、知识点栏、总结栏。用康奈尔笔记法时有以下几个注意事项。

♥题目和课前预习的思维导图，可以在复习时更快找到需要查阅的知识点。

♥在问题栏里，写出与知识点对应的问题。

♥在知识点栏里，可以写出课堂笔记总结、重点、难点、

标题与课前预习的思维导图

第一章　第一节

文化与社会

- 文化是什么
  - 文化的内涵
  - 文化的特点
- 文化是力量
- 文化与经济政治
  - 相互影响
  - 相互交融
  - 国力竞争

问题栏（与知识点相应的问题）

1. 文化指的是什么？包括什么？	知识点一：文化的内涵 “文化”是指相对于经济、政治而言的人类全部精神活动及其产品。 其中，既包括世界观、人生观、价值观等具有意识形态的部分，又包括自然科学和技术、语言和文字等非意识形态的部分。
2. 文化有哪些特点？	知识点二：文化的特点 1. 文化是人类社会特有的现象。有了人类社会才有文化，文化是人类社会实践的产物。 2. 每个人的文化素养不是天生的，而是通过对社会生活的体验，特别是通过参与文化活动，接受文化知识教育而逐步培养出来的。 3. 人们的精神活动离不开物质活动，精神产品也凝结在一定的物质载体中。
3. 文化具有什么力量？	知识点三：文化的力量 1. 文化是一种社会精神力量。 2. 文化兴国运兴，文化强民族强。文化作为一种精神力量，能够在人们认识世界、改造世界的过程中转化为物质力量，对社会发展产生深刻的影响。
总结	先进的、健康的文化会促进个人的成长、社会的发展；落后的、腐朽的文化则会阻碍个人的成长，社会的发展。

知识点（课堂笔记、重点、难点、需记忆的知识点）

可以结合上课时老师对本课的总结以及 1~2 道有代表性的例题

方法与其他需要记忆的知识点。

♥在总结栏里，可以对本节课进行总结，结合上课时老师对于本课的总结来写，还可以在里面加入 1~2 道有代表性的例题，或者老师画重点的例题与详细的解题步骤。

▪ 熟练运用知识点

课后笔记复习

首先，我们可以通过上面讲的课后笔记浏览一下知识点，唤起自己对于知识点的记忆。

其次，我们可以盖住右边的知识点栏，只露出左边的问题栏，进行回忆和口述。可以尝试用自己的语言去解答这个问题，考查自己对于知识点是否理解。

最后，我们可以通过课后笔记对知识点进行反复记忆。

我们可以在做题时将易错的知识点加以标记，比如贴上彩色标签，以便重点记忆。

边学边思

在学习的时候，要一边吸收知识，一边思考这个知识点在考试中以及生活中应该如何运用。比如，遇到什么样的问题或考题，通过这个知识点可以解决。

习题练习

适当的习题练习，可以帮助我们加深对于知识点的理解，发现自己对于相关知识点的盲区。但盲目的题海战术是无用的。

通过习题练习，我们不需要知道具体会考哪道题，但需要知道一定会考哪些知识点。

错题整理

如果只做题，不做错题总结，那么题目等于白做。除非你可以做到错了之后能马上明白哪个知识点的哪个部分没有掌握，并且错了的题绝对不会再错。

所以，在做题后，我们应该留出更多的时间去做错题整理，对知识点进行查缺补漏。哪怕只做 1 小时题，花 2 小时整理错题都是值得的。

教学相长

给他人讲题可以帮助我们内化知识。在讲解的过程中，如果同学没听懂，我们多换几种说法、举几个例子，这也有助于我们熟练运用知识。

考前复习无从下手怎么办？

你复习到哪里了？

我刚用课后笔记又复习了一遍知识点。你呢？

我都不知道该从哪里开始复习。

啊？可是下周就要期末考试了呀！

所以我更慌了，根本不知道该复习什么……

朱雀姐姐：

每次考前复习，我总感觉这里也不会、那里也不会，于是就无从下手了。我该怎么办呢？

▪ 根据现有水平设定目标

我们现有水平是 80 分，离考试只有 10 天，却想考 118 分。这就像我们只会做家常菜，却在 10 天内想学会做“满汉全席”，自然会有慌乱感。

我们应该根据现有的学习水平与可以支配的复习时间，制订合理的目标，这样才能减少慌乱感，以最好的状态复习。

不过，你当然有一天可能考到 118 分，甚至 148 分，但一定不要抱着瞬间提升的幻想去复习。想要抄近路，往往会走进死胡同。不如从现在开始，调整学习方法，改善学习习惯。

▪ 合理分配复习时间

在开始复习前，首先要提前规划复习的时间，列出复习时间规划表。然后根据自己的规划有条不紊地推进复习的进度。尤其是在时间越紧张的情况下，越需要对复习的时间进行合理的安排，这样可以降低因课业产生的压力与焦虑感。

我们可以分析一下不同科目适合投入的时间，不要因为时间紧张就只盯着一个科目复习，尽量每个科目都分配到合适的复习时间。

这个时间规划可以不用详细到哪天学习哪个章节，只需要在时间上规划出复习的几个阶段即可。

例如我们现在有 10 天的复习时间，可以这样规划：

第一阶段：课后笔记复习（3 天）——通过课后笔记复习知识点。

第二阶段：做真题或练习册（4 天）——通过做题对知识点进行运用与检验。

第三阶段：错题重做（3 天）——通过错题重做对易错知识点进行强化记忆。

▪ 制作考试锦囊

将课后笔记中的一些核心考点、难点、公式、重要题型及其简略做法、你经常遗忘的知识点等总结到一张 A4 纸上（一科一张），在错题重做阶段以及马上进考场前的阶段，你可以随身携带这份考试锦囊，随时随地进行重点复习。

Chapter 4

为学习增加助力

如何选择学习资料？

你资料都买了吗？

还没呢，一会儿我们去书店看看吧？

我还是在家背书吧，你买的时候帮我带本一样的就行了。

好！不过，你真的不自己去挑一挑吗？

我不知道该怎么挑呀……

朱雀姐姐：

我的好朋友买学习资料时也帮我带了一本，但我并不是很喜欢那本学习资料。我想问一问，该怎么挑学习资料呢？

▪ 良好的观感

无论是纸张的质感，还是画面颜色的和谐，都影响着我们是否愿意多看几遍这本资料或者试卷。另外，书的版面上最好留有空隙，一是方便我们做标记，二是便于我们阅读。

▪ 条理清晰

为了增加趣味性，有些参考书上会设计一些漫画，但事实上，参考书不必追求趣味性，那些漫画反而会干扰我们复习时的专注力。相对趣味性而言，内容条理清晰更为重要。

■ 语言精练

知识点不是内容越多越好，对于知识点的总结，在语言精练的同时，不遗漏知识点才是好的参考书。

■ 教材讲解与题目相结合

在知识学习阶段，可以选择知识点讲解与题目相结合的参考书。

知识点搭配少量例题，其他练习题单独成册会更好一些。

在讲解知识点的时候，搭配相应例题，能够更好地掌握知识点。

■ 基础 vs 提高

在买习题集时，我们应根据自己的水平选择偏向基础的还是偏向提高的。可以在一开始时选择偏向基础的，后面再选择有难度的。

▪ 题目与答案分开

题目与答案分开，我们做完题后方便对答案。因为对答案是很重要的步骤，所以尽量减少因为麻烦而不对答案或浮躁对答案的可能性。

▪ 答案解析详细

答案解析最好能够有一些扩展，包括相关知识点、解题思路和解题方法等。尤其是选择题，尽量避免购买选择题只有答案的那种习题集。

如何找到适合我的学伴？

你暑假要参加封闭的夏令营吗？

对呀！手机也不能带呢。

我会想你的。

我也会呀！不过暑假我没办法监督你学习了，你要找一个学伴相互督促。

你就别操心这些了，安心去夏令营吧！等你回来让你看看我的学习成果！

朱雀姐姐:

我的好朋友去封闭的夏令营了，我想找一个学伴，相互监督，一起学习，但我不知道该怎么找到合适的学伴。

▪ 愿意相互交流学习方法与心得

如果只是相互督促学习的学伴，起到的作用不如一个积极与你分享交流学习方法、学习心得的学伴。这样的学伴既可以助你提高学习成绩，还可以调动你的学习热情。

我们有好的学习方法与心得也可以积极和对方交流哟！如果对方总是不愿意和你交流，甚至不愿意相互督促，那我们可以再去寻找其他的学伴。

▪ 认可你的能力与价值

我们的需求决定着我们渴望被认可，渴望实现自我价值。所以，一个好的学伴会看到我们的闪光点，为我们喝彩，给予我们能量。同样，我们也需要让对方感受到我们对他的认可。

▪ 相处和谐

虽然不一定非要和闺密、好兄弟成为学伴，但是你们彼此起码是能够和谐相处的，不然时间都浪费在相互生气上了。

可以优先考虑情绪状态比较稳定、具备基本社交能力、对学习有激情的朋友。

▪ 作息时间较为一致

如果是同在学校，一般情况下，作息时间会比较一致。如果是暑假自学或者在家上网课，想找学伴的话，最好找和自己的作息时间较为一致的学伴，或者你们愿意相互调整到一致的时间也可以。

♥每个人都有适合自己的学伴，适合自己的就是最好的。

如何打造高效的学习氛围？

咱们班的学习氛围好差呀，上课闹，下课闹，闹得我一点儿学习的心情都没有，我都不想学了。

千万不要因为别人的错误去惩罚自己。无论他们怎么样，我们都要好好学。

可是学习氛围这么差，我很难进入学习状态呀！

朱雀姐姐：

我们班的学习氛围不是很好，上自习课时乱糟糟的，导致我经常被人干扰，我该怎么办呢？

▪ 提前做好学习准备

毕竟不是每个人都能做到瞬间进入学习状态，大部分人进入高效的学习状态，或多或少都需要一些时间。

所以，在开始学习前，可以把一会儿用到的文具、资料、水杯等物品准备好，避免开始学习后，又因这样那样的事情而中断。

▪ 桌面整洁

桌面上只放目前正在学习科目的参考书、习题册、笔记本等必用物品。不要放其他科目的资料，也不要放与学习无关的物品。文具也只放需要用到的。比如做笔记，只用到黑、红、蓝三色的笔，那就只放这三支笔。

桌面越简单、越整洁，越有利于我们形成专注力，这一点对学习时容易分神的同学尤其重要。

▪ 安静的环境

在家学习时，尽量不要在嘈杂的音乐声或者在电视背景声下学习，它们会对我们的思维造成干扰。

如果是在学校上自习，周围环境无法达到安静的状态，可以使用降噪耳机或降噪耳塞来营造安静的环境。

▪ 坐在前排

如果班级里整体学习氛围比较差，那我们可以选择坐在离老师比较近的第一排、第二排。这样在上课时能够高度保持注意力集中，并且前排相对学习氛围会好一些，不易被他人散漫的学习态度影响。

千万不要因为班里学习氛围不好而随波逐流，你的人生是属于自己的，务必认真对待自己的人生。

Chapter 5

考试技巧

考前我能做些什么？

马上要考试了，心慌。

慌什么呀？

怕题目做不完，怕忘带准考证，
怕自己迟到，怕自己考砸……

呃……我也被你说得心慌了……

朱雀姐姐：

马上要考试了，我之前很努力地复习了，我想知道考前做些什么有助于考试呢？

■ 模拟考试

我们可以在考前，用正式考试的要求来做各科的卷子，可以假装自己就在考场上。比如，不使用任何参考书籍、在限定时间内完成、涂写答题卡等。

这样可以帮助我们了解自己的做题速度，在正式考试时能够更合理地安排做题时间，把握做题节奏，避免出现题目做不完的情况。

所以，在模拟考试的过程中，我们可以留心一下试卷的各部分需要花多长时间完成，比如做选择题大概需要多久，每道大题大概需要多久。

至少要每科进行一次模拟考试，如果时间紧迫，可以选择你能力比较薄弱、考试时容易紧张的科目来模拟。

如果你考试时容易大脑一片空白，那一定要在考前进行模拟考试。这样可以减少正式考试时的紧张感。

▪ 备考文具袋

无论是月考还是模拟考，我们都可以按照应对高考的标准，在考前准备好文具袋。这样到了大考时我们会更加从容，不至于因为考前的慌乱而影响成绩。考试前，如果省下操心文具有没有准备好的脑力，还可以多看一遍考试锦囊。

我们可以提前把需要带的物品罗列在一张清单上，在考前对照清单检查自己带的物品，避免因为考前紧张或者考试当天一些混乱的事情，导致遗忘某些物品。

如:

身份证 ☑

准考证 ☑

条形码 ☑

透明笔袋 ☑

大容量黑色签字笔 3 支 ☑

2B 涂卡笔 1 支 ☑

笔芯 1 盒 ☑

2B 铅笔 1 支 ☑

橡皮 ☑

直尺 ☑

三角板 ☑

圆规 ☑

小刀 ☑

按照具体的考试要求罗列物品清单，上面的清单只是举例。

把物品清单放在书桌显眼的位置，考前核对物品时，可以在已经核对过的物品后面打“√”，避免遗漏以及因不确定是否核对过而反复核对。

提前熟悉考场

熟悉考场和周围环境，一是在熟悉的环境中可以降低考试的紧张感，二是对于像中考、高考这样的大型考试，你参加考试的地点可能不在你们的学校，提前去考场熟悉环境，有助于了解路线和路况，避免考试当天迟到。

记得留意一下卫生间的位置。

调整作息时间

如果是中考、高考这样的大型考试，应至少提前一周调整作息时间。

这里说的调整作息时间，不是说你能不能在 8 点起来，9

点前到考场，而是说要通过调整作息时间，保证在 9 点到 17 点这个时间段内精神抖擞。

所以，在这一周内不要疯狂熬夜学习，不然到了考试前一天晚上生物钟没调整过来，导致睡不着，那就得不偿失了。

调整心态

在考前我们总会担心自己复习得不够全面。其实，有知识点没有复习到也很正常，哪怕是学霸，也会出现这种情况。我们不需要追求百分百完美。

另外，如果平时心态不好，那就一定要在复习前做好复习规划，这样可以减少因为心态不好对复习造成的负面影响。

有没有考试中可以用的小窍门？

马上要考试了，你还有心情玩纸团，心态也太好了吧？

这是我的独家考试窍门，选择题遇到不会的，就掷A、B、C、D四个纸团，哪个纸团离我最近就选哪个。

那你不如干脆随便选一个，还节省时间。

嗯……追求下仪式感嘛！

朱雀姐姐：

我明天就要考试了，有没有什么考试时的小窍门可以教教我呢？

考试窍门因人而异，看看下面有没有适合你的吧！

规划考试时间

在开始做题前，我们可以先将时间安排写在较为显眼的地方。

下面以英语考试为例：

9：00~9：20　听力

9：20~10：05　阅读理解

10：05~10：10　完形填空

10：10~10：55　作文

誊抄记忆

在进入考场前，我们可以再回顾一遍自己的考试锦囊

(知识点汇总)。在发下来草稿纸的时候，凭着记忆，快速写下自己觉得有用，但有可能忘记的内容，比如英语作文中要用到的长难句型、某个总忘记的公式、总是记不住的名词解释等。

跳题

考试时难免会在某个题目上卡壳，尤其是在试卷的前半部分出现这种情况时，很容易影响考试中的心态。

所以，无论这道题目是难还是简单，只要在两分钟内你都没有任何思路，完全不知道该从哪里下手，那么就可以跳过这道题，继续往下做了，等到其他题目做完，再来处理这道题目。

另外，考试是去解决会做的题目，不是去解决不会做的题目的。

要在自己会做的、能拿分的题目上多花心思，尽量多地拿分。而不要把时间浪费在不会做的题目上。

做选择题时，知识点很模糊的题，不要轻易修改答案，因为第一遍做的时候，你可能对于知识点的记忆更为清晰。

▪ 不相互对题

在考试期间相互对题，我们可能会因为一些得失而产生不良情绪，从而影响下一场考试时的心态稳定和能力发挥。

▪ 穿着舒适的衣服

尽量选择颜色低调、面料柔软舒适的衣服。

过于花哨、夸张的衣服比较容易引起监考老师的注意，虽然我们并不打算做小动作，但一直被盯着，会有不舒服的感觉。

面料不舒服的衣服平时考试时或许不会让我们分心，但在大型考试时，因为精神比较紧张，衣服的不适感可能会被放大，所以参加重要的考试时还是穿你平时觉得舒服的衣服更好。

我的错题本为什么没有用？

你的错题本借我看看吧！

我的错题本你看了用处也不大，与其看我的，不如做一下自己的错题本。

我感觉做错题本没什么用，还很费事。

呃……是什么让你产生了这种错觉？

是真的啦！我之前也很认真做了错题本，可是一点儿用都没有。

朱雀姐姐：

很多学习好的同学建议我做错题本，但是也不知道为什么，即便我很认真地做错题本，也没什么用处，过一段时间我就坚持不下去了。为什么我的错题本没有用呢？

考试过后，与其把关注点放在成绩上，不如放在查缺补漏上。

很多人不愿意做错题本，觉得错题本没用，他们往往是这样想的：

1. 浪费这个时间干吗？我不如多做几套卷子。

2. 我错了那么多题，一道道抄，这得抄到什么时候？

3. 记错题有什么用，下次这道题反正不会再考了。

4. 老师讲过卷子了，我知道这题怎么做，为什么还要做错题本？

5. 反正我做了错题本也不会去看。

6. 错题嘛，随便抄在本子上就行了。

7. 只写题目和答案就好（尤其是选择题），老师讲题时，我已经听懂了。

你有上面这样的想法吗？如果有，往往是对错题本的理解出现了偏差。

▪ 为什么做错题本

多不如少

即便省下来做错题本的时间，多做了几套卷子，效果也不一定比做一套卷子好。关键看有没有有效学习，对你掌握知识点有没有帮助。所以我们要保证至少留有总结一份卷子的时间。

基础差更需要错题本

如果学习基础比较差，除了一定要好好做课后笔记外，错题本是必不可少的。

总结错题，会让我们对学习更有方向感，知道重点是什么。尤其是像中考、高考真题做得多了，你就知道会考哪些知识点，哪些知识点会以选择题形式出现，哪些知识点会以大题形式出现。这样更有利于我们以后的复习。

哪怕前期需要总结的错题较多，但只要我们认认真真地去做，相信后面错的题会越来越少。

如果某科老师每天会发三四份卷子，你错的又都比较多，实在没办法每张卷子都去做错题本，那么选择其中一份去做就可以。

听懂不等于掌握

或许老师讲的时候我们听明白了，但这不代表我们对这个知识点完全掌握了，只有一步步总结了才能够真正内化知识。

错题本的目的

无论是听老师讲解，还是做错题本，**目的不是会做具体的某道题，而是要掌握这道题考查的相关知识点**。如果包含多个知识点，这些知识点之间是如何组合的，内在联系是什么，哪些知识点是没有掌握的，哪些知识点的连接出现了问题。

总结解题思路与方法

除了知识点外，我们还要归纳、总结解题思路和解题方法。对不同的知识点，我们要做一些方法上的总结。

过程更重要

即便你做了错题本后很少去看，只要你做错题本的过程是认真的，是带着思考去做的，那么这个过程就会让你收获非凡的效果。

▪ 如何做错题本

下面讲一讲做错题本的一些小技巧。

“我是名师”

在写错题本时，我们可以沉浸式地把自己代入“编写教辅书的名师”这个角色。

现在你的任务是：编写练习题答案。

要达到的效果是：让做错这道题目的同学，通过你编写的答案，不会再做错这道题。

具体要求：

1. 有具体的解题方法。

2. 有相应的知识点。

3. 此类题目的解题思路与技巧。

4. 易错点提醒。

以上要求包括选择题。

具体步骤：

1. 教之前，先学会

通过老师讲解、请教同学、阅读参考资料等，完全弄懂这道题该怎么做。

2. 写出完整的解题步骤

写的时候可以用铅笔，因为再次做还是有可能做错，用铅笔做方便我们修改，保证错题本的整洁。之后如果需要重做错题，我们还可以将答案擦掉。

3. 写出相应的知识点

写出错题对应的知识点，比如所用的公式、语法、原理等。题目哪里体现了要考查这个知识点，思考其相关知识点。养成看到关键词、关键句就联想到相关知识点的习惯。

这里要注意，要准确记忆，避免在模糊记忆状态下对应到错误的知识点。

4. 总结、归纳解题思路与技巧

总结、归纳这道题还有哪些解题思路和技巧可以迁移到之后的做题过程中。

5. 易错点提醒

回忆自己之前为什么做错这道题，拿自己之前做错的答案，对比正确的解题步骤，看看自己哪里没有想到，思路在哪里出了问题。然后，写出这道题哪里容易出错，应该留意哪些地方。

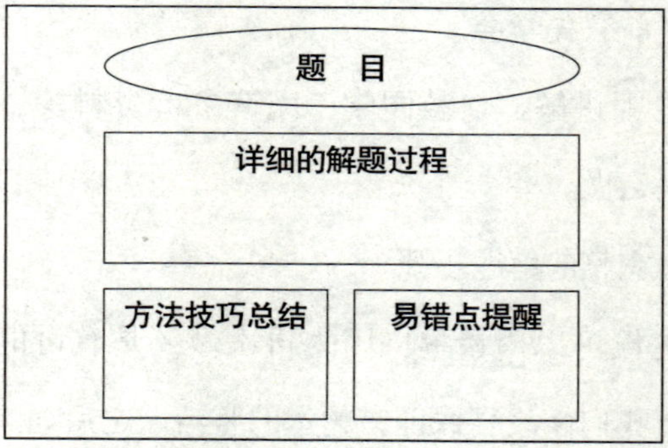

三分法归类整理

一分科目：分科目做错题本，不要将不同科目的错题混在一起。

二分知识点与题型：根据知识点与题目类型进行分类整理，将相同的集中在一起。比如，数学可以分为集合、向量、三角函数、立体几何等。

三分板块：将各知识板块进行细分。比如，三角函数又可以细分为同角三角函数关系的运用、诱导公式的应用、三角函数的单调性、三角函数的周期性或对称性等。

这里你需要用到的工具是活页夹、打孔器、A4纸或方格纸。

♥在活页夹上用标签写上科目。

♥文科生适合用方格纸，不容易把字写歪。

题目能剪就不抄

抄题对于我们帮助并不大，还给我们做错题本增加了工作量，导致有可能无法坚持做错题本。所以，用剪刀将做错的题目剪下来，贴在错题本上就可以。实在没办法剪的再抄。

不要舍不得剪，而去标写在哪份卷子或哪本习题册上，因为很有可能你的卷子和习题册越来越多，你就懒得找了。

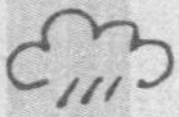

Chapter 6

学习中的其他困惑

成绩突然下降怎么办？

你怎么了？

这学期开始，也不知道为什么，我成绩突然就开始下降。

我也发现了，这是为什么呀？我觉得你挺努力的。

我也不知道。这次考试考得又不好，都不知道该怎么和家人说。

朱雀姐姐：

自从新学期开始，我的成绩就一直下降。我的学习方式和上学期基本一样呀，为什么会这样呢？

▪ 调整心态

如果偶尔一次没有发挥好，成绩有所波动是正常的。

这个时候我们应该高兴，因为这次考试可以对知识体系进行更多的查缺补漏，有利于我们之后打破成绩瓶颈，突破原有水平。

▪ 找到学习的意义

一个学生如果找不到学习的意义，就会出现不认真听课、作业拖延、厌学、逃课等情况，自然成绩会有所下降。

如果是这种情况，可以对照第三章第一节，明确制订自己的目标，并将自己的终极目标贴到房间的显眼处，不时地问一问自己：“在这个知识爆炸的时代，是努力学习容易实现梦想，还是不努力学习容易实现梦想？”“我为梦想付出了什么？”“我为梦想尽全力了吗？”

▪ 学习方法跟上学业难度

成绩不会无缘无故地持续下降。

在小学升初中、初一升初二、初中升高中等阶段，出现成绩下滑，很有可能是你原有的学习方法已经不适配学业难度了。比如：

♥原来不用预习，上课就跟得上老师的思路。现在上课只要一晃神，就跟不上老师的思路。

♥原来根本不用做课后笔记，只要随便听听课，所有的知识点都能掌握。现在单靠听课已经无法掌握全部知识点。

♥原来根本不用做错题本，错过一次的题就不会再错第二次。现在同样类型的题目，换个说法就有可能做错。

像这样因为学业难度变大造成的学习成绩下降，就需要调整自己的学习方法，而不要固执地坚持原有的学习方法。

▪ 用“手动驾驶”替代“自动驾驶”

当我们心情愉快、学习兴趣高涨的时候，或许不需要设定目标，不需要做每日计划，不需要有固定的学习流程，我们也能够全身心地投入学习中，取得不错的成绩。

如果你的成绩很容易受情绪波动的影响，那么就不能任由自己的大脑“自动驾驶”了。因为如果我们对大脑听之任之，就容易一蹶不振。大脑会像对待发热一样，对待我们的心情不好，让我们浑身没劲儿想睡觉。

面对这种情况，我们需要切换到“手动驾驶”，进行人为干预，比如，固定学习流程，根据学习流程设定学习计划。避免情绪波动影响成绩。

好的学习习惯，会帮我们更好地平衡学习与生活的关系。

偏科了怎么办？

如果英语像语文一样简单就好了。

那是因为你语文好，我还希望语文像数学一样简单就好了。

但你语文也能考100多分呀，不像我，英语这次竟然考了60分！

呃……这说明你英语的进步空间很大……

朱雀姐姐：

我偏科很严重，大多数科目的成绩都不错，但英语经常不及格。我是不是天生不擅长英语呢？我也知道，偏科严重很容易影响总成绩，我该怎么办呢？

相信自己，你可以学好任何一科。或许你并不能每科都拿第一，也不能把每一科都学得像擅长的科目那样轻松。

但在初高中阶段，你的确可以学好任何一科。你有擅长的科目，说明你在智商上是很优秀的，将每一个科目学好不成问题。

所以千万不要用“我就是不擅长某某学科”这种理由来加深自己对于这一科目的抗拒，只有放下抗拒和偏见，才能从根本上改变你的偏科状况。

也许有人会认为：“偏科有什么要紧的，我别的科够好不就行了？”千万不要抱这种心态，因为在 50 分的基础上提高 10 分，比在 140 分上提高 10 分容易多了。除了一些极端的情况，大部分人拿中上等水平的成绩是较为简单的。

想改变偏科的状况，可以试试下面的技巧。

▪ 分析偏科原因

我们先分析一下自己偏科的原因。比如:

1. 对于此科目投入的时间比较少。

2. 投入度很大，但缺少学习方法。

3. 不太适应此科目的老师。

4. 对此科目缺少兴趣。

5.______________________________

在横线上补充你的原因吧!

分析出原因后，我们马上就要思考**现实可行的解决办法是什么。**

比如，原因是缺少此学科的学习方法，那么我们可以：阅读与学习方法相关的书籍，上网查找此科目的学习方法，请教该科目的老师，请教此科目成绩优秀的同学等。

最好在当天就开始实施。把握住自己这一刻想提高成绩的热情，尽快展开行动。

如果原因是不适应此科目的任课老师，那么我们可以：和老师沟通缓解关系，不将注意力放在对老师的好恶上，有效率的自学等。

如果原因是对此科目不感兴趣，那么我们可以：观看与这一科目相关的趣味视频，阅读与此科目相关的趣味读物，询问热爱这门学科的同学他喜欢的原因，制订合理的目标并从中发现乐趣、找到成就感等。

你的原因:________________

你的解决方法:________________

▪ 合理制订目标

千万不要拿自己学得最好的科目的成绩要求自己学得最差的科目，而且要求马上达到。这个科目既然是你的薄弱项，说明该科目学起来不会像你擅长的科目一样，随便学一学就可以获得好成绩。

这个科目更需要你有耐心和适合的学习方法。

定过高的目标，会让自己失望:“我都这么努力地学了，也没什么用，可见这个科目不适合我，我不学了。”

所以在立志提高这个科目的成绩时，给自己定的目标小一些，而且不要只凭一两次考试成绩就否定自己的努力。

▪ 逐渐增加学习时间

当我们迫切想提高某科的成绩时，或许会因为激情澎湃，马上将过多的时间投入这个学科的学习中。然而，当我们并未在这个科目上找到乐趣和成就感时，很难坚持，反而会因为过多时间投入，影响其他科目的成绩。所以我们要循序渐进地增加学习这个科目的时间。

考砸了怎么办？

我又考砸了……

比上次考试有进步呢，慢慢地成绩就提上来了。

可是这个成绩，哎……我都不知道该怎么和爸妈说。

朱雀姐姐：

上次考试我就考砸了，这次考试又考砸了，虽然我心态还好，但我该怎么面对爸妈呢？

考试成绩不好，我们往往会担心父母批评。这时候，我们与其惶恐地等待，不如主动和父母沟通。沟通的内容应该包括以下几方面。

▪ 考试失利的原因

如果一味地说外在因素，比如考试题目太难、当天不舒服、同学影响了你之类，难免会让父母觉得你是在找借口和推卸责任，因此而产生矛盾。

这个时候我们可以和父母聊一聊，通过分析这次试卷，我们对哪些知识点掌握得不够熟练，之后会着重学习哪些方面。

▪ 今后的学习安排

相信你在考试失利后，除了悲伤外，还会对今后的学习做一些规划。

我们可以将自己根据这次考试发现的漏洞所制订的计划跟父母分享，告诉他们今后的学习安排，并邀请他们监督。

▪ 争取他们的理解

我们可以跟父母讲讲自己考试失利后对于他们批评的担忧，希望他们能够理解这种压力。我们还可以告诉家人:“虽然我很重视每一次考试，但在高考（中考）前的每一次考试，我都将它视为发现知识漏洞的机会。在每一次考试后，我都会做错题本，认真地查缺补漏，我相信成绩会一步步提升，也希望你们能理解我。”

总是马虎做错题怎么办？

这几道错题，你怎么没有写在错题本里呢？

那几道题是因为马虎啦！我都会了，不用记啦。

这几道题的分值加一起快 20 分了，这粗心的代价也太大了吧？

朱雀姐姐：

我很容易马虎，一不小心就把原本会做的题目做错了，我该怎么办呢？

▪ 熟练掌握知识点

当我们对知识点的掌握似是而非时，就会在对答案时产生这种想法：“咦，这个知识点我明明知道呀，怎么做错了呢？是我又马虎了。”

但事实上，这是因为我们对知识点掌握得不够透彻，导致做题时无法通过题目准确地从大脑中提取相关知识点，或者知识点之间无法形成闭环。

所以，面对做错的题，我们不要马上定义成“因为马虎”，而是要分析一下，真的是因为粗心还是因为没有完全掌握。

▪ 增加失误型错题板块

如果经常因为粗心大意做错题，那么我们就很有必要在错题集里增加一个新的板块——“失误型板块”，先分析自己马虎的原因，再细分出次级的板块，比如，“读题不认真型”“符号错误型”“数字抄写错误型”“跳步型”等。

通过总结自己粗心的原因以及应对方法，我们可以在做题时更留心这些问题，减少因为马虎做错题的概率。

▪ 养成良好的学习习惯

如果我们做作业时总是写一会儿就刷一会儿手机，慢慢地，就会出现习惯性分神。到了正式考试时，我们也会因为注意力不集中而导致做错题。所以做作业时，我们一定要把手机或者其他会干扰学习的物品放得远一些，保持注意力高度集中。

如何高效自学？

每次上英语课，我都觉得是在听天书。

那就更需要认真听了。

可是我根本听不懂呀……

朱雀姐姐：

我英语非常差，上课时根本听不懂。我该怎么办呢？

有的时候，出于各种原因，我们可能在某些科目上落后于老师的教学进度。尤其是像数理化，特别注重学习的连贯性，前面的知识没有掌握，后面再听课的时候，就容易出现听不懂，跟不上老师讲课节奏的情况。

这时候，我们就要通过自学，将前面没有掌握的知识点补上。这样再上课，就不会听得一头雾水而浪费时间了。自学能力很重要，这对我们离开校园后持续提升自己也非常重要。

训练自学能力，可以试试下面的方法。

▪ 利用网络资源

我们可以在网上找一些系统的课程来辅助自学。

比如，我们可以在 B 站（bilibili）上搜索：“中考”“高考”“高一数学”“函数”“初中英语”等关键词。

找到高质量的相关内容后，我们可以看一下 UP 主（上传者）的主页里的课程是否成体系，还需要多试听，最终找到适合自己的 UP 主。

▪ 选择一本基础类教辅书

去书店挑选一本基础类辅导书，比如名为课堂同步练习之类的书，用来学习基础知识。

在选择辅导书时，要衡量一下其中对知识点的讲解与总结是否全面、详细，是否深入浅出、便于理解。

不要觉得听一听网课就够了，在自学的过程中，归纳总结知识点，才是形成知识体系的关键。

▪ “三位一体”

自学更需要我们通过归纳总结来形成知识体系，所以一定要做到“笔记、练习、错题整理”三位一体地去学习。

▪ 利用寒暑假自学

如果你学习进度落后，那么寒暑假是你赶超进度的最好时机。

如果你能跟上进度，自学效果也比听课效果好，那么就可以利用寒暑假自学下学期要学习的知识。

不过，不要因为提前自学后上课就不好好听讲。因为对于新知识，我们不能过于自信，需要验证自己对新知识的理解是否正确，并要着重去听在自学过程中那些没有明白的知识点。

▪ 多多提问

自学不代表不能请教他人，反而更需要多多提问。

因为在自学的过程中，有些知识点我们虽然也会深入思考，但可能依旧一知半解。像这样的知识点，我们除了通过做题来帮助理解外，也需要去请教他人，从而确定自己对知识的理解没有误差。

课间也要学习吗?

你课间都在学习，而我却在睡觉，很有负罪感呀。你觉得课间学习有效果吗?

如果我下课时玩得过于兴奋，下节课上课的时候再进入学习状态会比较慢。利用课间做做下节课的预习，我下节课上课时反而更能进入状态。

我可不行，课间不休息，下节课根本没有状态。

朱雀姐姐：

每次课间，班里都有很多同学在埋头苦学，我想问一问有必要利用课间学习吗？

很多人利用课间学习，是为了比他人多学 10 分钟。但这十分钟学得值不值，我们要认真衡量一下。

通过课间休息，会不会让你后面的学习状态更好？

如果你今天学习精力旺盛，上课时没有疲惫的感觉，那么在课间也努力学习，倒也没有问题。

我们可以利用课间做下面的事情。

1. 完成上节课的课后笔记。

2. 向老师提问。

3. 看下节课的预习笔记。

4. 复盘错题。

如果你当时需要休息，那么强行在课间学习反而会影响你接下来的学习状态。之所以学校会在两节课之间设定课间休息，就是因为我们需要这段时间休息，这样下节课才更有学习状态。

所以，如果你是第二种情况，那么与其课间学习，不如试试下面的方法，对学习会更有帮助。

睡觉

要保持高效的学习状态，先要保证充足的睡眠，哪怕课间睡十分钟，也有助于我们在上课时元气满满。

运动

如果在教室里待得闷了，去操场跑一圈，或许身心都会舒畅很多。

网课应该怎么听？

昨天我正躺在被窝听网课，老师突然点名让我回答问题。我赶紧套了件衣服就坐在书桌前，结果你也知道的，全班都看见我的“鸡窝头”了。

我已经截屏保存你的“鸡窝头”照片了。不过说真的，在被窝里听网课，学习效果好吗？

学习效果好不好我现在还不清楚，但助眠的效果挺好的。

朱雀姐姐：

我们学校这段时间在上网课，我明显感觉自己上网课的效果不是很好，我该怎么办呢？

很多人在刚开始上网课时，还觉得蛮有意思的，觉得网课既能回放又能截图，再也不用担心自己学不会了。尤其是那种提前录制好的课程视频能够暂停、后退，更觉得简直太棒了，再也不用担心自己分神了。正是这些心态才导致听课效率大大降低。

比如，有些人认为，只要截图足够多，自己就不用做笔记了；有的人则是笔记越做越多，试图把视频里老师讲的每句话都记下来；有的人不断地暂停去做笔记，一节 40 分钟的课程能听 2 小时;有的人因为不用担心错过什么，而更容易分神；等等。

网课开始前要做的事情

网课开始前，我们应摆放好教材、水杯、笔记本等，不要因为倒水、去卫生间、找笔等事情暂停视频。

营造不被打扰的环境

我们要关好房门，避免被电视背景音、说话声所打扰。如果父母在家，我们可以提前告诉他们，自己要开始听课了，希望在这个时间段他们尽量不要因为关心而进入房间送水和水果。

打造学习的仪式感

不要躺在床上听网课，这样很容易睡着。正式一点，甚至穿上校服，端坐在书桌前，模仿在学校听课的状态。另外，把桌子上的杂物收一下，只保留这节课需要的学习用品。

给手机“上锁”

如果是用电脑上网课，就用自律类的小程序（APP）给手机上锁，确保自己在听课期间不会因为手机而被干扰。

如果是用手机上网课，就用自律类小程序将自己听课的软件设为白名单，将那些一刷就停不下来的微博、短视频网站锁起来。

有规律地上课

如果是学校组织的直播网课，不需要自己安排上课的时间，我们自然能够有规律地上课。但如果你听的网课是提前录制好的视频，那么就需要自己排一排课程表了。不然很有可能在不知不觉间落下很多课。

▪ 上网课时的注意事项

不要暂停

当我们打开课程视频学习时，就要做好不按暂停键的准备。

我们拿出百分百的注意力去听课，课堂笔记按平时在学校上课时的方式去记，之后再总结课后笔记，不要为了记笔记而暂停播放。

如果哪里没听懂，可以全部听完后，再倒回去听。

记录问题

上网课往往不太方便举手提问。

视频类的网课没办法提问；直播类的网课，有些老师会集中在这节课快结束时让我们统一提问。

那么，我们在听课的过程中，就可以将自己不明白的地方以关键词的形式写在课堂笔记上，方便我们之后向老师请教，或者课下自己查阅相关资料。这样也方便我们之后看回放时，不遗漏自己不懂的问题。

积极互动

在家学习很容易出现的问题就是分神。如果有条件，我们可以找一个房间作为学习空间，这个房间里只有书桌、椅子与学习资料等学习用品。但我们往往是在自己的卧室里学习，那么就更需要积极地和老师互动，让自己更投入，让卧室也充满学习的氛围。

▪ 网课结束后

与学伴相互监督

在家学习很容易变得懒散，不知不觉中就跟不上老师的上课进度了。

这时我们可以和学伴彼此监督，比如，用英语单词小程序背单词，每天相互监督打卡今天背了多少单词；用自律类小程序监督上课时彼此有没有偷玩手机；每天早上相互叫醒，在上课前问一问对方："我已经坐在书桌前，并且看过我的预习笔记了，你呢？"

给自己讲题

在学校里，我们可以通过给同学讲题来提升自己对知识点的内化程度，但是上网课时，这样讲题的机会比较少。那么，我们可以用错题本，自己给自己讲题。

具体操作方式是：盖住或擦掉错题本上的解题步骤，模仿老师在课堂上的步骤给没听懂这道题的同学讲题。

这样的方法也可以在平时复习错题本时使用，认真用错题本讲一遍课，胜过一目十行地看一百遍。

♥如果是一个人在房间里，可以大声讲题。

学习清单

学习清单

学习清单